말더듬이, 겨울눈

시산맥 시혼시인선 056

말더듬이, 겨울눈

시산맥 시혼 056

초판 1쇄 인쇄 | 2025년 9월 15일
초판 1쇄 발행 | 2025년 9월 20일

지은이 안수아
펴낸이 문정영
펴낸곳 시산맥사
편집주간 김필영
편집위원 최연수 박민서
등록번호 제300-2013-12호
등록일자 2009년 4월 15일
주소 03131 서울특별시 종로구 율곡로 6길 36. 월드오피스텔 1102호
전화 02-764-8722, 010-8894-8722
전자우편 poemmtss@naver.com
시산맥카페 http://cafe.daum.net/poemmtss

ISBN 979-11-6243-628-8 03810 (종이책)
ISBN 979-11-6243-629-5 05810 (전자책)

값 12,000원

* 이 책은 전부 또는 일부 내용을 재사용하려면 반드시 저작권자와 시산맥사의 동의를 받아야 합니다.
* 이 책은 교보문고와 연계하여 전자북으로 발간되었습니다.
* 본문 페이지에서 한 연이 첫 번째 행에서 시작될 때에는 〈 표기를 합니다.
* 저자의 의도에 따라 작품의 보조 동사와 합성 명사는 띄어쓰기가 달라질 수 있습니다.

말더듬이, 겨울눈

안수아 시집

| 작가의 말 |

말이 되지 못했던 그림자속의 이야기들
노래로, 흥으로, 그림으로 쓰여진 암호들
소지(燒紙)하는 마음으로
묵은 그늘의 흔적에서
일렁이는 빛과 물의 세례를 만나려
발돋움해본다

■ 차례

1부

호접지몽, 호접지현	19
북소리	20
실버공제조합	22
분홍 낮달맞이꽃	24
즐거운 화장터	26
엄마의 꽃버선	28
알 수 없어요	30
달마, 딜레마	32
月人千江	34
원기소	36
아버지의 방	38
다정도 병이다	40
깃들다	42
알라딘 램프	43

2부

B & I	47
걸어가는 사람	48
아리랑	50
미소기후지대	52
心心	54
불무리 합창단	55
툰트라의 키스	56
루빈의 잔	58
Kiss & Cry Zone	60
달빛 밴드	62
악마의 눈	64
말더듬이 겨울눈	66
맨드라미 방	67
갈라파고스	68

3부

백합나무	73
진짜는 삼천포에 있다	74
지금은 모야모야 시간	76
틈	78
출렁	80
수족관, 어류도감을 열람하다	82
당신이 궁금한 이야기	84
이별 여행	86
치킨은 훨훨	88
적막한 숲	89
스위치	90
12월 32일	92
전문가	95
우리집은 아재 개그 중	98
즐겁게 하루살이	99

4부

캥거루	103
불편한 침묵	104
이오네스코 식탁3	106
난생의 언어	107
블랙 스완	108
모래시계 요양원	110
개뿔	112
=	114
가스라이팅	116
콜드 드래프트 2	118
아버지의 web	120
습설濕雪	122
실버들의 우화	124

5부 수필

O의 시절	129
원기소와 주전부리	134
환상특급열차	139
그해 오월, 그리고	143
수의(壽衣)	149

1부

누구인지
무엇인지
어디에 있는지
알 수 없는
흩어진 마음 찾기

호접지몽, 호접지현

언니의 꿈에 나비가 나타난다지?
엄마 돌아가신 뒤

작년 콜로라도에서도 꿈에 나비를 보았다고 했었어
광주에서도 꿈에 나비를 보았다고 했어
그다음 날 성당에 세 자매가 엄마 보러 간 날도
나비가 우리 주위를 맴돌았어

올해 또 언니는 나비꿈을 꾸고 광주 왔다고 했어
성당에 엄마 보러 간 날은 나타나지 않았지만
부여 리조트 입구에 세 자매가 들어가자
나비가 있었어
11월 중순인데, 그것도 호텔 안에

엄마의 현현일까?
꿈속의 나비도
현실의 나비도

북소리

두둥둥둥
갑자기
북소리가 들렸다

매우 또렷했지만
어디서 들려오는지 알 수 없었다
그 북소리는
모호하지 않았다

나의 심장을 두드리고 있었다
누군가,
누가 나를 깨우고 있나

우주의 배꼽을 통해
내 심장에 신호를 보내셨다

우주로 가신다고
우주의 먼지가 되신다고
엄마가
〈

나는 그 교신의 의미를 알지 못했다

작별 인사를 하지 못했다

그곳에서는 어떻게 지내시나요?

실버공제조합

흰머리 가족이 모였다

엄마가 하늘로 가신 날
오십을 뺀 동안들이
묵은 인사를 한다

이모가 고모고 고모가 이모다
엄마가 수아고 수아가 엄마다

우리 가족의 말장난,
아재 개그를 좋아하는 엄마를 위해
우스갯소리 한 바가지 풀어놓는다

영정사진 속 엄마도
분홍 낮달맞이꽃 웃음 지으시고
깔깔대는 가족들

엄마 발인하는 날
검은 머리를 공제한
흰머리들이

실버공제조합을 열었다

이팝나무 흰 꽃들도
장지 길을 환하게 밝힌다

분홍 낮달맞이꽃

그날 피었다
분홍 낮달맞이꽃

목이 말라
뉘앙스란 묘한 거야
내가 당신들 얼굴에 기침할지 모르니 조심해
당신들을 너무 힘들게 하는 것 같아

무서워, 무서워
문제는 말이야
내가 물을 마시지 못한다는 거야

멋지지 않아?
저 낮달맞이꽃
죽어가면서도 물을 계속 들이켜네

여리여리 가냘픈 줄기
양지로 옮겨
날마다 물을 조금씩 주었지
〈

화무십일홍이라지만
어쩌면 사흘 버틸 수 있을까

엄마 돌아가신 날 피었고
장례 끝내고 돌아오니
더 환하게 피어있다

잠시 당신들,
손을 내 이마에 얹어 나를 위로해 줘

눈감은 엄마의 한쪽 눈꼬리에
눈물 한 방울 맺혀 있었던 거 봤지?

즐거운 화장터

여긴 영락공원인데요
젊은 록 가수들도 없이
영락없는 소리만 지껄이는 상주들입니다

육 남매와 종손들이 모인
엄마의 장례식

전라도 위
충청도 밑 어디쯤 있는
콜로라도에 있는 작은 언니네만 못 왔네요

그래도도 있고
옆엔 별라도도 있고
그 옆엔 아무래도도 있고
또 그 옆엔 엘도라도도 있으니
어느 도라도 넘어오세요

누구보다
고달픈 삶을 사셨던 엄마도
새 道로 향하셨으니

이제 평안하시리라 믿어요

11번 화장룸으로 들어가셨습니다

엄마의 꽃버선

오늘 엄마 태어나서
제일 예쁜 꽃버선을 신으셨다

누군가는 흐느끼고
누군가는 울먹이고
누군가는 곡하며
악어의 눈물도 흘리고 있던가

그젠 낮부터 가슴이 벌렁벌렁,
저녁도 못 먹었다
서쪽 하늘로 가실 줄 몰랐지

어떤 감각도 느끼지 못했다
출근길과 도로 보수와 교통 체증에도
화냄도 불평도 배고픔도 없이
몽유병자처럼
광주에 왔다

평안하게 숨을 쉬실 것이다
고단했던 삶을 내려놓으셨으니

〈
빨간 코가 붙은 꽃버선 신으시고
한 발 한 발 내디디며
하늘 계단을 오르신다

알 수 없어요

눈물을 닦아드릴 수 없었어요
한쪽 눈꼬리의 눈물 한 방울

모든 상주들이 지켜보고 있고
관으로 모시려 하고 있었지요

우리는 눈물이라 부르고
누군가는 눈물이 아니라고 했어요

엄마는 요양병원에서 손목이 묶였고
그 후 몸은 굳어졌고
지금은 사후경직으로
손을 움직일 수 없었어요

늘 엄마 생각을 해요
움직일 수 없는 손과
움직이지 않는 손을

엄마의 고통을 무시했던 나를
배려 없었던 나를

위로와 언질조차 보내지 않은 나를

감당할 수 없는 고통을 마주하면
당신을 꼭 닮은
내게 옮겨올까 두려워했을까요

난 왜 눈물을 닦아드리지 못했을까요

달마, 딜레마

집으로 돌아가는 길을 찾을 수 없다

교감하던 세월, 20년이 넘었다

모든 것을 잊고
간단하게
새 삶을 선택하라니

조명이 꺼졌다 켜졌다
어지럽게 흔들렸다

산책과 수영은 일상이었고
당신 때문에 중단할 이유는 없었다

희미한 기억으로
엄마의 장례식장에서
진부하게 그리고 마지막으로
인사를 나누었다

문을 닫았다, 그리고

"좋아, 가지" 그게 전부였다

달관하라는 건지
꼿꼿하게 계속 가라는 건지

엄마의 눈 밑 물방울이
눈물인지 아닌지 판단할 수 없었던
딜레마처럼

月人千江

밤하늘 달 하나가 밝게 빛나면
천 개의 강에도 달그림자들이 빛을 발한다는데
항상 낯설어지는 삶에 상처받는다

부끄러운 상처는 고통스러워 드러낼 수 없고
근심 어린 눈망울로 외로움을 표현할 수 없다
욕망의 집어등, 치명적인 유혹에서 벗어날 수도 없다
이 허우적거림, 상처…
암세포처럼 번식해 간다
초라한 어깨에 무거운 발걸음을 옮기며
치유의 길은?
밝은 달 하나를 찾는 것
찾아서 어두운 곳 여기저기 도장처럼 찍어 밝혀주는 것

난 가벼워지고 싶어
이 좁아터진 도시, 아니 너무 넓어
아무도 모르는 익명의 도시에
설 자리가 없어
꽁지발로 걷고 있지
혈액순환이 제대로 이루어지지 않아 파랗게 질식해가며

〈

어떤 이들은 웃고 살아
하지만 난 왜 그들이 웃고 있는지 알지 못해
알 수 없으므로 인해 더욱 무관심해지고
형형색색의 어둠 속으로 걸어들어가지
백만 킬로의 터널에서 터덜터덜

"벌거벗은 신체에 하나의 無位眞人이 있어
항상 그대들의 얼굴에 출입하고 있다."라고
임제는 말했지
지금 내 얼굴에 출입하고 있는 무위진인은?

원기소

원기소는 내게
엄마의 젖이었다

한 살 터울의 남동생이 태어나
두 살도 되기 전
엄마의 품에서 밀려
할아버지 방에서 자랐다
얼음장 같은 할머니에겐
보살핌을 받은 기억이 없다

일제 탄광에서 동상으로
발가락 두 개를 잃었지만
부지런하고 호랑이 같은 할아버지,
일터 주변이 내 놀이터였고
주로 혼자 놀았다

내 영양제인 원기소,
먹을 것이 없어
오디, 까마중, 삐비, 찔레 순을 뜯어 먹던 시절,
옷장이나 이불 속에 숨겨져 있었고

언니와 동생은 잘도 찾아
고소한 과자처럼 나눠 먹었다

어른들로부터
따스한 말도 보살핌도 받아보지 못했음이
말더듬이였고 예쁜 곳 없고 잘난 것 없어 존재감 없는 내가
씩씩하게 자립할 힘이 되었다

그 점이 문제였다
누군가 원기소 한 알 같은 온정 베풀면
홀딱 그 수렁에 빠져드는,

한때 판매 금지된
원기소 같은 사랑에

아버지의 방

　라인 안에 있게 해달라는 거였어요 아빠는 분홍빛 시간을 묶어두었지요 시계의 내장을 빵가루로 흩뜨려놓고 태양은 떠버리 딱따구리야

　똑똑한 애들은 침대를 먼저 차지하고 램프의 요정이 소원을 들어주지 않네 애야 사람이 단 한 줄의 꿈도 없다면 동물로 변하는 건 순식간이란다

　구름이 태양을 가려도 선택은 걱정 없어요 일방통행로로 달리는 토끼를 춤추게 하려면 당근을 움직여야 해요 하늘이 매직쇼를 펼치고 당근이 마구 흔들려 증발할 때까지 눈에 쥐가 나요

　애야 도깨비감투를 줄까 곁눈 가리개는 필요 없단다 그림책을 보는 것처럼 쉬울 거야 천칭 저울은 이미 서편으로 기울어 있어요 몰락하는 순간 오렌지빛 하늘을 얻을 거예요 웃음 가스를 퍼뜨려 둥둥 떠다니고 싶어요

　박쥐우산을 펼치고 쏟아지는 그림자가 다가오는 걸 막아주세요 아빠, 그림자가 망토를 펼치고 칼날을 휘두르며 그분이

찾아와요 라인 밖으로 무임승차는 싫거든요

  호기심이 춤을 추고 노래를 부르고 환상이 모습을 드러내는 단어들의 집으로 들어가고 싶어요 우주에서 푸른지구의 궤도로 잠입하듯이요

다정도 병이다

홍당무를 먹을 때
말은 길을 잃는다

말머리성운 저편에서 날아온
말똥구리가 말꼬투리를 굴리고
한 알의 모래폭풍 속을
빠져나가지 못하는
붉게 뭉친 바람이다

홍당무를 쫓는 말과
말을 피해 달아나는 홍당무
먼지를 날리고 어디로 갔는지
흐느끼는 전갈을
콧방귀 뀌는 온도로 해독 중이다

가장 멀리에서 가장 가까이 되돌아온
꼭 붙은 그림자처럼 가까워 어두운 것과
시작과 끝은 작지만 멀리서 반짝이는
희망 사용법
〈

하찮지만, 보잘 것 많아 병인
다정을 씹는다

깃들다

 마음을 수고롭게 해서 꿈, 이상, 높은 곳, 하나(同一)로만 눈길을 향하며 문을 열고 걸어갔다. 그곳은 너와 나가 존재하지 않는 오직 나로만 귀착되는 길이다. 물구나무를 서 눈을 밑으로 향하고 일상의 풍경과 너의 눈과 손과 발에 맞추어야 했다. 비록 어질머리가 일고 뒤죽박죽 누추하지만, 헉헉 바둥바둥 개헤엄을 쳐서라도 머물러야 했다. 이곳은 완벽한 해답이 없고 모든 문은 열려있고 끝없이 바람이 멈추지 않는 곳. 그러기에 내게 깃이 돋아 흐르는 물처럼 자유로운 바람처럼 저물녘 하늘을 물들이는 황혼처럼 너에게 날아가 깃들 수 있으니

알라딘 램프

　내 이름은 지니, 세상은 잠시 밖에서 멋대로 돌아가게 내버려두자 난 싸우고 싶지 않아 사실 난 겁쟁이 매사에 서투른 대형 난쟁이 날 부르는 주인님의 명령에 사방팔방을 날 수 있고 보란 듯이 다른 사람의 삶에 관여해 도움을 주고 과시하는 것은 속임수 그러나 오오- 지루함, 지독한 폐소공포증, 이 좁아터진 램프 안에서 과거 슈퍼맨이 평범한 존재로 살아간다는 건 굉장한 사치일까? 한번 맛본 넓은 세상이 앞뒤가 맞지 않는 모순 속에서 해묵은 증오에 휩쓸렸어 일단 풀려나면 마법의 병에서 해방된 지니는 다시 축소하긴 어렵지만 잘난 채 우쭐거린 행동이 사실은 비겁하다는 것 책임져야 할 것과 양심의 가책에서 바퀴벌레처럼 허둥지둥 달아나고 싶어 한다는 것 난 시키는 대로만 하므로 자신을 모조품으로 만들고, 뚜껑을 닫고 다시 내 몸을 숨길 거야 램프를 문질러 날 불러내지 마세요 램프야 진통제 같은 위안을 주렴

2부

B & I

쿨렁, 어둠 한 자락 비집고 한 대의 자동차가 들어왔고 *B*가 휘었고

어둠 한 자락에 묻힌 휜 *B* 사이로 자동차가 멈췄고 사내와 *I*가 들여다보이고

핸들 잡은 사내의 흰 손이 연기를 피워 올리고 뒷좌석에 웅크린 *I*가 귀를 틀어막고, 휜 *B*가 하염없이 노크하고

핸드폰을 귀에 댄 사내는 눈썹을 꿈틀거리고 고개를 뒤로 젖힌 *I*가 동굴처럼 입을 벌리고

*I*의 눈물은 보이지 않고 와이퍼는 귀속으로 빗방울을 뿌리고 *B*를 풀어놓은 *I*에게 고함은 들리지 않고

휜 *B* 사이 자동차가 쭈욱, 어둠 한 자락 빨아들이고 열린 입속으로 자글자글, *B*가 끓고

걸어가는 사람*

거대한 조명 속을 끌려 다니던 그림자,
중얼거리며 사거리를 빠져나간다

바람이 윽박지르면 노곤한 화살나무는
붉은 외투를 도로에 벗어버리고
보이지 않는 화살은 네 발뒤꿈치에 맞고
훔쳐 먹은 사과 속에 컹컹 짖어대는 발목,
귀에 고름이 고이는, 빛나는 태클

가끔 발목은 불빛에 체한다
이젠 눈 속에 접혀도 돼,
발걸음이 더욱 빛나 아프잖아
입김으로 이글루를 지을 거야
겨울엔 구토하는 발자국을 지울 거야
여름과 가으내 가려운 흔적을, 그러나
불빛은 발자국을 찾아다니고
여미지 못한 무거운 외투

깃은 뚫고 달아나기에 너무 두껍고
온갖 핑곗거리가 새어들 만큼 얇아

꽁지발은 살얼음 위에 대롱거리고
그럼에도,
자운영은 어떻게 자줏빛을 구해오는 걸까

* 알베르토 자코메티 조각.

아리랑

햇살 쨍쨍한
숲 위로
구름의 검은 그림자가 지나간다

한낮의 색에서 비껴간
숲이 노래한다
몸을 비비고 비비다
아리고 쓰라린 나뭇잎들에 대해
그늘지고 피로한 안색에 대해
혈관 속으로 흐르는 선율

아슬아슬한 징검다리를 건너는
시시콜콜한 이야기

바람 든 무처럼
퍼석퍼석한 어깨를 들썩이고
먼지 방석 위에 앉은
말의 역습

변두리에서 배회하는

비비 꼬는 칡넝쿨

비겁한 침묵은 아냐
울화가 파르르 타올라
되풀이되는 시들어버린 꽃

자꾸 당하면 분노하게 되고
분노가 모아져 공분으로 자라고
그 공분이 증오로 바뀌어 폭발하고
저마다의 겹이 벗겨진다

덩실덩실 흥을 데려온다

미소기후지대

지도를 보았다

안개가 오늘을 데려왔다
오늘은
국경도 바다도 없었다

유령선 깃발처럼 안개가 다가왔다
미끌미끌한 길은
레인코트를 입고 유리창을 통과했다

펄럭이는 일기도
비구름 가득해 희었다
푸른곰팡이 피우는 당신의
창문이 지워졌다
내 귀가, 눈이 새어 나갔다
어느새 안개 속을 날아갔다

자물쇠 없이 갇혀 있는 대기실
바다가 출렁거렸다
잠수함처럼 떠다니는

빛무리를 만나고 싶다

오늘은
안개에 중독되었다
나는 지도를 보지 못했다

心心

마음만으론 부족한 거야
발과 손이 따라가야지
보고 싶다 말만으론 안 돼
달려가 포옹을 해야지
마음과 말은 싱거운 물 같아

문제의 원인을 알았다는 것만으론 안 돼
나치 전범 하인리히처럼
알면서 아무것도 하지 않았다는 게,
방 안에 코끼리가 있는데 다들 애써 외면하는 게,
더 큰 범죄라는 것,
나 몰라는 엄청 유치한 作亂이야, 그거

사랑한다는 것은 움직인다는 것,
그것 잊지 말고, 울지 말고,
이만 그치도록 해
옳다면 이제 끄덕여줄래?

당신의 마음과 내 마음이 겹친 지금도
엄청 심심하다, 그치?

불무리 합창단

기한이 주어졌어요 동일 시간은 아니에요 언제든 기한 내 입술을 벌려 자기만의 음으로 타,다,다,닥 올리면 돼요 삽시간 몇백 명을 울릴 수 있어요

인터넷으로, 노트북으로, 아이폰으로 차가운 바람을 입김으로 노래하는 우리들 얼마나 높은 음으로 올라가는지 움찔, 공중의 새들도 놀라고 불무리 지휘자도 이 음들의 항해를 조절하기 힘들어하지요

하나로 모이는 뿌리의 세계 입술이 떨려요 침묵은 흔들려요 몸통이 울림통으로 변하는 격렬한 우리들 헐떡거리는 마음을 불러내 먼지 속에 활활 입술을 불태워요 자주 연착되어 도달하지 못하는 목소리들 혀가 절여 와요

가지 끝으로 스며드는 바람에
고된 훈련 후 귀를 기울이는,
조회수가 올라갔어요
'좋아요'가 늘어가요

기한이 끝나가요 우리들의 목소리가 사라져가요 두려워하지 말아요 하얀 그리움이 사라지진 않아요

툰트라의 키스

은비늘의 촉수가 젖꼭지를 빨고 있다
부드러운 어둠도 차가운 바람도 솟구치는 햇살도
엉겅퀴 바늘로 새겨놓은 갑옷은
한 뼘의 폭풍도 없다

일곱 개 무지개다리를 건너
새콤달콤 쌉싸름한 비밀을 꺼내려
스카이콩콩을 타고 달려왔다

이런 이런 큰일이다
이마 위 하찮은 입맞춤과 쓰디쓴 농담처럼

날개가 사라진 시간은 유빙의 서성거림,
시간이 얽혀놓은 영토는 북극 어딘가,
극지의 호호족은 손끝을 불게 하고
사슴뿔부족은 발끝을 종종거리게 하고
한숨바람족은 휘파람으로 서리를 뿌려놓는다

초목도 나비도 아닌
눈보라나 오로라도 아닌

툰드라의 이끼로나 자랄 뿐,
더 이상 날개가 없다

동충하초, 널 알지 못했다
미라로 명료해질 때까지

루빈의 잔

I
'째'와 '각' 사이의 순간,

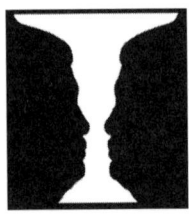

희망봉을 돌아 새로운 항로를 찾아봐요

II
마주친 그 순간 찌그러진 기억 깊숙한 곳 하수구에서 올라오는 수증기에 치자 향이 없다고 투덜거리지 말아요

뚜벅뚜벅 지평선은 창문 넘어
온 집 안에 울려 퍼지지 않아요?
세면대에서 떨어지는 물소리

소나무가 죽어가요 뱃속에 전갈이 긁어대고 암사마귀가 짝짓기 중이라는 걸 생각해 봐요

난지도가 하늘공원으로,
변곡점을 돌아온 괴짜지요
레모네이드 샘물이 솟아 나오지 않아요?

Ⅲ
아리아드네의 실타래를 따라 꿈이 풀려나와요 난 수많은 섬 사이를 항해하지요 눈이 된 이파리 깍지 낀 손가락에 상형문자로, 코가 된 나비 입술이 된 꽃잎

치자나무에서 불어오는 하얀 당신, 마주한 당신을 본 게 아니고 그래요, 당신 사이로 흐르는 노래를 들은 것도 아니에요 번갯불이 번쩍, 노래는 심장을 층계 위로 끌어올려요 무한나사로 돌아가지요

유리잔이 깨져요
치자꽃은 사라지고 당신도,

Kiss & Cry Zone[*]

질주하던 스텝이 끝났어요
겹겹이 쌓은 궤도를 찾아 더듬지요
벼랑 아래로
우뚝 서 날 굽어봐요

공허하고 열렬한 박수,
감미로운 목소리와 두근거리는 발꿈치
아름다움은 대가를 치러야 한다지요
설핏 홍조라든가 새하얘진 안색이라든가
일순간 웃다 울게 만들어요

발을 헛디디기 일쑤예요
시간이 없어요
눈물은 무시되고 아픔은 당연해요
두려움이 비난받고 믿음은 조롱당해요
고통은 기쁨을 맛보아야 드러나죠

눈이 멀듯 환한 햇살인가요
한 발 내딛지 못하는 그림자에요
이곳은 두려움을 익사시키는 곳이지요

〈
숨이 멎고 입이 열려요
키스와 울음이
고요와 함성이 껴안아요

그림자를 벗어던져야 했어요
나는 누군가이거나 아무나이지요**

* 피겨스케이팅에서 코치와 선수가 앉아 경기 결과를 기다리는 곳.
** 호르헤 루이스 보르헤스 「고요함을 자랑하기」.

달빛 밴드

달빛이 피부를 물들이고 있어
살과 살이 맞닿고
듣지 못했던 숨소리도 듣지

그래, 끌어안아야지, 꽉,
오해였을 거야

지금도 생각나지 않은 이유 때문이었어
네 번째 손가락에 피가 났지
여럿이 산책하다 네가 넘어졌거든
지갑에 늘 넣어서 다니던
일회용 밴드를 떠올렸어

-야, 너 항상 가지고 다니잖아?

난 그제야 꺼냈어
하나가 아닌 두 개를
우리는 시시해져 하나둘 흩어졌어
화장실 거울 위 두 장의 밴드는
오토바이를 타고 엇갈려 지나갔지

〈
태양이 진 자리에
아무렇지 않게 달은 뜨는데
아무리 티 안 나게 붙여도
고스란히 눈에 띄고야 마는 살색 밴드는
얼굴 찡그린 이모티콘 같았어

악마의 눈

물고기 눈을 따라가요
파란 눈이 날 삼켜버릴 것 같아요
너무 오랫동안 쳐다보지 말아요
눈망울이 주렁주렁 떨어져요
이미 가슴을 읽고 있군요
위태로워요
부드러운 시선으로 봐 줘요
메두사의 눈처럼
너무 눈이 부셔
눈이 멀어버릴
행운을 기다리나요
차라리 눈을 감고 싶어요
성급한 눈물이 흐를 것 같아요
시샘하지 말아요
빗방울이 떨어질 것 같아요
메마른 눈동자에 초점을 맞추지 마세요
추락하는 날개를 드려요
나무에 푸른 눈망울이 가득 달려 있네요
제발 말리지 마세요
직선으로 오는 눈초리

사선으로 오세요
부질없이 쏟아지는 햇살처럼
찬란하게 사라져요
데빌 아이˚, 지켜줘요
부디

* devil eye, 터키 부적.

말더듬이 겨울눈

  가을이 가볍게 증발한 겨울 강에
  추락한 잎들이 수만 가지
  악다구니로 쥐락펴락한다

  노을이 겨울 강에 내려앉는다 무슨 말이든 뱉고 싶다 저 핏빛 입술, 그것은 멀리서 말발굽 먼지로 다가오는 다급한 목메임이다 따스한 재스민차가 머릿속에 끓다 식는다 피우지 못한 꽃잎은 아무것도 아닌 망설임이거나, 모든 것인 알맹이다

  이 말이 저 말을 찌르는 혀를 잘라 먹는 말 가령, 병아리는 다시 껍질 속으로 들어가지 못한다 너무 멀리 가기 전에 불러들여 바짝 졸인다 혀와 말의 거리가 접혔다가 퍼졌다가 좁아졌다 넓어졌다 꼬인 말이 때론 엿 같다 그사이 얼어붙은 강 위로 미끄럼 타는 노을

  꽃잎, 혀끝 언저리
  뭉쳐 나오지 않는 겨울눈이 조바심이다

맨드라미 방

불볕의 긴 헛바닥을 따라갔다
주글주글 낯가죽만 두꺼워져 돌아온 방이 있지
그림자는 다 갉아먹고
나를 빠트린 색색의 열쇠들을 주렁주렁 매달고 떠도는 방
역사도 내력도 기록되지 못한 어지러운 발자국들
다시 갈증으로 관절이 늘어난 오후는
잠깐 짚어주는 미완성의 문장이었나 봐
취한 듯 귓불 붉어지는 꽃무늬를 그려내고서야
나는 다닥다닥 꽃씨를 받아내기 시작했지
고장 난 뼈마디의 아픔을 그냥 바라보지 마라
마음 기울여 누군가를 소름 끼치도록 아파할 때
아는 척 뚫어지게 바라보며 편애도 하지 마라
키들거리며 입술에 올려
시끌벅적한 요리로 먹어 치워도 괜찮을 거야
뒤범벅의 동그란 꽃그늘을 지우고
비로소 선연해지는 빨강과 시들한 꽃대
문지방을 넘어서 비로소 보이는
내 두 발
묶여있던 하루 스물네 시간
불볕의 긴 헛바닥이 뜨겁게 열리는 그때

갈라파고스

애초부터 우리에게 불씨가 없었던 건 아니었다. 사각사각 웃음을 잘라먹고 식은땀 한 방울씩 짜냈다. 어둠의 깃을 세우고 적막으로 울타리를 치기 시작했다. 바깥으로 나서면 둘레는 벼랑 끝, 저 멀리 쓸쓸한 파도가 절벽에 이마를 찧고 있었다. 달의 지느러미를 덮고 누구도 눈을 뜨지 않았고 깊은 잠은 화강암처럼 계속되었다.

누구의 키스로 깨어났는가. 대륙으로부터 튕겨온 유배지는 깊고 푸른 꿈을 주었는가. 남루한 사상은 끊임없이 비틀거리는 절름발이이고 두려움은 그림자로 따라다닌다. 책갈피 속을 헤집으며 죽은 자의 구깃구깃한 말씀을 집어삼키고 깔깔한 혓바닥을 신뢰하며 숟가락은 힘겹게 악수를 청한다. 누구에게나 기다림은 쉽게 오지 않는다.

땅거미 한 겹의 무게를 지닌 가로등 아래 모여 울고 있을까? 나는 어디로 가서 썩은 꽃잎들을 털어내야 할까? 아직도 얼음장 밑에는 피워낼 반짝이는 빛을 숨기고 있는 걸까? 부러진 초침을 왼쪽으로 쓸모없이 돌리고 있는 건 아닐까? 얄팍한 웃음엔 온기가 없다.
〈

어쨌든, 난 지금
갈라파고스섬을 점검 중이다.

3부

백합나무

부르지 못한 이름들로 가득 차 있던
아가미가 비릿하다

모든 소리를 삼켜
생략된 비밀들로 빼곡한 비늘로 덮이고

북쪽으로 가버린 한류성 물고기의 아가미
눈이 멀어 눈이 맑은 물고기

퀴퀴한 분투의 거품들로 넘쳐
내 안으로만 흐르던 소리 타래가
차츰 내 밖으로 풀려나온다

어린 백합나무 잎새 하나가
겨우내 야윈 어깨를 살포시 덮어준다

잉카 문명의 원시적 단순성을 닮은 잎사귀
백악기부터 분포한 화석
밋밋한 몸체에 백합처럼 고상한 꽃이 피고

도란도란 동화를 정겹게 써 내려가고 있다

진짜는 삼천포에 있다

삼천포는
바다도 아니고 뭍도 아니다
꿈틀거리는 것들이 우글거리는 뻘밭이며
별이 되어가는 먼지이다

폭풍우가 없었다면 그랜드 캐니언이 있었을까?
빛이 없는 심해가 없었다면 자체 발광하는 오징어가 있었을까?
번데기 없이 나비가 될 수 있을까?
살아 천년, 죽어서 천년을 간다는 속이 텅 빈 주목나무
분홍 토슈즈 안의 고목 뿌리 같은 발레리나의 발가락
하늘에서 바닷속을 헤엄쳐 물고기를 잡아먹는 가마우지

꿈꾸는 자들의 몸짓이
경계를 넘어서는 아우성으로 시끄럽다
폭풍 구름 색깔의 눈을 갖고
천 개의 전등 밝힌 미소를 지으며

손을 불끈 쥔다
한 발을 내딛는다
두 발이 아치를 그린다

그 사이를 포옹한다
두 팔이 배려한다
간격이 넓다

무게는 제 몸 밖에 있다
제 몸 안에
내 몸을 배반하는
띔틀이 있다

지금은 모야모야 시간

지금은 구름의 모야모야 시간
안개로, 비로, 눈으로 쏟아진다
당신의 기온은 당신의 체감온도

이제 동물들의 모야모야 시간이에요
물집으로 덮인 두 개인 발굽과
날기를 포기한 날개들이 휩쓴다
당신의 먹이는 펭귄 통조림

풍만하고 거대한 시베리아 추위 속을
유유히 달려간다, 비대해진 바이러스들
서서히 스며든다, 온몸의 혈관 속으로

손만 잘 씻으면 돼요
마스크 쓰면 돼요
삶아 먹으면 돼요

누군가에겐 우습고도 하찮은 일
누군가에겐 쓰나미로 몰린다
이때 물결의 한 꺼풀 누가 들어준다면

피곤한 발가락이 명랑 스텝을 밟겠네

지금은 '돼요'에 질식한 시간
모서리는 둥글어질 것이고
비상등은 알람 시계일 뿐
당신의 일은 당신의 일이다

틈

입구와 출구의 통로
이편과 저편이 조우하는 오솔길
외부와 내부의 숨결이 파고드는 갈피
꿈틀거리는 꿈이 터져 나오는 꽃
처음으로 터트리는 축축한 울음소리
보이지 않은 욕망이 곪아 찢고 올라오는 상처
좁고 옹색하고 비밀스러운 방
나를 쫓는 그림자가 서성이는 옹이의 시간
세상의 배꼽으로 통하는 낭하
빙하의 좁고 깊은 크레바스
수만 리 바다보다 더 깊은 심연
예기치 않은 순간에 소중한 것을 잃어버린
사람들의 파인 가슴이 만들어낸 샘
잠깐 떠오르다 사라지는
입가의 미소를 훔칠만한 짧은 기회
설렘과 두려움이 교차하는 신호등
만남이고 이별이고
시작이고 끝이고
끝없는 부활이 일어나는 곳이요 시간이다
〈

그 작은 틈으로 서늘한 것들이
한 움큼의 회오리를 일으킨다
측백나무 숲에는 바람이 불고
호루라기를 불어 알려오는 내부 고발자는
상처를 고스란히 햇볕에 내놓지 못한다
그럼에도 이제 그만, 비집고 나아가
바람에 말려도 될 성싶다
뽀송뽀송해질 것만 같다

출렁

숲은 고요하다

송홧가루 날리고
아카시아 향기 흩뿌릴 때
출렁
조용하던 산의 평형이 깨진다

어디선가
새들의 울부짖음과 푸드덕 날갯소리
시끄럽다

이 산의 맨 아래는 비둘기가
중간 부분은 까치가
맨 꼭대기에는 까마귀가 둥지를 틀고 있다

비둘기와 까치가
까치와 까마귀 간 자리다툼이다

평화로운 우리에게도 가끔
출렁

평행선이 깨쳐 파문이 일기도 한다
무수한 힘이 밀고 당기기를 반복하면서

숲은 고요하지 않다

수족관, 어류도감을 열람하다

나는 부레의 울음소리를 들었다

서로의 입술을 나누는 찻잔을 들고 인사하는 아침에
해변을 따라 신발을 양손에 한 짝씩 들고 떠돌던 밤에

거대한 혁명 군단처럼 밀고 들어와 정박한 방이 있다
수조에서 퇴출당한 황량한 아가리를 벌리고

심해의 적막을 밀치고
영혼 없는 몸이 다시 죽지 않는
허공의 곳간

헤엄을 쳤다 물컹한 슬픔을 태우고
해일이 덮치는 와중에도 반질거리는 햇살을 받아먹으며

당신이 선정해 놓은 유일한 구역
너머의 곳
바닥이 홍건했다
비명이 갇힌 푸른 방에서
〈

사방 벽에 도감을 펼치자 어디선가 헤엄쳐 오는 검은 물고기
투둑툭 불거진 흉터 자국은 바닥부터 차오르지

쉴 새 없이 뱉어낸 말로 움직이는 지느러미
내 몸을 잘라내는 수평선도 막지 못했다

바다를 떠도는 아가미는 어느 항만을 통과 중일까

당신이 궁금한 이야기

된다,
안 된다,
아카시아잎을 하나씩 떼어낸다

보지 않고도
나는 본다
예감의 바늘이 가파르게 움직인다

산호들이 모여 섬이 되는 시간
억만년만의 종유석과 석순이 키스를 나누는 시간

길이 너무 많아
날개와 지느러미 가득한
잠꼬대를 늘어놓고

밀림이 삼켜버렸다 뱉어낸
상처 농후한 이야기들

뻔한 온도 이상의 온도에 휘말려
무너지지 않도록

화석이 된 뇌를 움켜쥐고

지구 깊은 후두에서 소용돌이치는
울부짖음을 기록한
새와 나무와 짐승과 인간의 탄원서

뿌리들이 뒤엉킨 자리에
흥건하게 고여있는

이별 여행

당신의 숨결은
여름 한낮 궁남지에서
피고 지고 피고 지고 있었다

바람이 고요히 뒤따라 와
나를 앞질러 간다
백마강 위 잔물결을 일으키며
고대 도시를 건너
정림사지 5층 석탑을 지나
바람이 앞질러 가도
나는 가만히 기다린다

흔들리지 않고
중심을 꿰뚫는 당신의 바람이
화살처럼 내 동공 속으로 파고들어
눈꺼풀이 잠들지 않고
잊힌 고통이 오래 등을 기대고 있는
부여의 속살을 들여다본다

궁남지 연못 속의 개구리가 되어

아무렇게나 흥얼거린다
스물네 시간을 꼭꼭 접어
따가운 혀로 밀어내는 나를
돌아가 펼쳐 들여다볼 때까지
부드러운 미소를 잃지 않는다

지금 내 눈에 앉아 흔들리는데요
너울거리며 흥얼거리는데요
뜨겁지도 아프지도 부서지지도 않는데요

무령왕릉에 새겨진 연꽃,
그 위를 뒹굴어 스며들기를
금동대향로에서 피어오르는 연기처럼 번져가기를
천오백 년 연밥으로 익어가기를

치킨은 훨훨

사이렌이 어린이날을 뒤흔들고 지나갔다
어린 새가 아파트 15층을 날아내렸고
은행나무는 무게를 받아내지 못했다
한목소리로 내지른 비명,
꺾여진 은행나무, 걸을 때마다
키 높이가 달라지는 어머니와 얼굴을 기억하기 힘든
아버지가 있다는 여학생, 그 한숨 소리

TV 만화에 눈을 빼앗기며
치킨을 먹는다
귀퉁이 긁힌 식탁
다리 하나 부러진 의자
아무도 하지 않는 말이 쌓인다
치킨 상자 옆 속을 가득 채운 뼈들만 우두커니
닭 뼈, 살을 받쳐주고 속을 비웠던 새의 뼈였지
튀긴 닭 다리가 가볍게 떨리고
엄마의 말이 경련을 지그시 누르고 있는
조용한 간식의 시간
어린이날의 만화경
치킨은 훨훨

적막한 숲

그 숲은 신비였어요
우뚝한 나목 한 그루 있었죠
땡볕 여름도 눈보라 치는 겨울도
가만히 어루만져요 귀 기울여
가까이 다가가 봐요 은은한 솔 향기 일렁거려요
회오리치는 바람은 숲 너머 머나먼 별이 데려가기를
어깨 덮은 눈덩이 욕심 가끔 털어내요
햇살은 더불어 나누고
분주한 넝쿨은 잠깐 멈춰 세워
물끄러미 잘못 들른 발걸음 되돌아가도록
지금 그 자리에서 있는 힘껏 기지개를 켜고
별 아니어도, 별 가득 채우려 했죠
세한도의 소나무처럼 푸르고 꿋꿋하게
반가미륵보살상의 미소에 잠기는 그,
품었던 숲은 신비였어요

얼마나 덤불을 헤쳐가야 또,
무릎을 모은 채
늠름한 목소리 가득한
신비의 세례를 받을 수 있을까요

스위치

수줍음을 극복하지 못했다
하지만 저 구석에 앉아 날 부르는
열정은 수줍음을 제압한다

어디로 튈지 모르는 모퉁이
켰다가 껐다가
이랬다저랬다
번식하는 예감
감정을 잠시 휴가 보내야죠

즐거움과 두려움의 스펙트럼 속에서
챔피언이나 루저가 되는 발버둥,
포옹을 풀어야 해, 아메바의 반쪽처럼

뒤통수에 눈을 백 개 매단 공작부인의 우아함을 지니고
힘겨운 저글링을 해야 해요
아랄해가 배들의 무덤, 소금사막이 되는
종착역에 표류하고 싶지 않아요

우리가 걸려 넘어지는 오싹한 늪지대에
최고의 보물이 숨어있다

거대한 장애물이 스위치이다

수천 가지 방식으로
이편에서 저편으로 넘어가는
두서없이 도망가고 산만하게 긴장하고
끊임없이 두근대는 심장을 사로잡아 끌어당기는

손가락을 튕긴다
은밀한 모퉁이에서
휘파람이 속삭인다

12월 32일

도깨비감투를 쓰고
해와 해 사이에 앉아있다

보이는 사람에게만 보이는
말괄량이 삐삐의 집이다

미세먼지에서부터
21세기의 바벨탑, 부르즈 할리파도 있다

묄렌도르프의 비너스에서부터
밀로의 비너스도 있다

운주사 와불에서부터
금동미륵보살반가사유상도 있다

입술 끝을 살짝 올린 미소부터
깔깔 마녀 웃음도 있다

어린아이 재채기부터
구름의 천둥 치는 재채기도 있다

〈
갈지자 글씨부터
추사 김정희 글씨도 있다

구멍가게에서부터
대형 홈플러스도 있다

어린이집에서부터
대학원도 있다

바티칸에서부터
러시아도 있다

경험하거나 경험하지 못한 모든 감정, 모든 사물, 보거나 듣거나 보지 못하거나 듣지 못했던 그 모든 것들이 먼지를 둘러쓰고 쌓여있다

궁할 때마다 난 네게 들러
하나씩 빌어다 쓴다
〈

해와 해를 펼치면
감쪽같이 사라진다

해 하나를 접어 비행기로 날린다
야호! 12월 32일이다

전문가

낯설어지기 위해
투명해진다

앞서기 위해
푸짐하게 나눈다

솔직해지기 위해
그림자를 매단다

자연을 그리워하기 위해
서울에 산다

네게 보여주기 위해
미소는 사라진다

일찍 눕기 위해
스트레스를 쌓는다

별이 되기 위해
어둠으로 소풍 간다

〈
가까워지기 위해
속눈썹 앞에 내민다

첫 비행을 위해
절벽 끝에 선다

반짝임을 위해
주름은 깊다

노을을 바라보기 위해
기분을 노래하지 않는다

깃털로 날기 위해
피부가 섬세해진다

이름 하나를 갖기 위해
한 굴만 판다

시작부터 끝까지

같은 냄새를 풍긴다

깊이를 위해
너머를 알지 못한다

자동기계로 튀어나온다

나에게서 태어난 나 아닌
나로 가득 채우는

우리집은 아재 개그 중
- 2025년6월3일 저녁 식사

욱: 오늘 저녁은 콩국수
윤: 오늘 저녁은 한식 했고. 야식으로 내란 종식을…
정: Today I had bacon, boiled eggs and salad. Still fat. But don't care.
나: 우리집은 짜증 난 간짜장과 탕수육, 야식으로 시원한 팥빙수
욱: 난 야식이 없네
향: 나는 컵라면으로 주식
욱: 내란 종식도 종자 항렬이냐?
윤: 음… 내란 종식, 음식의 한 종류지요. 야식으로 먹으면 별미고 사람들과 나누어 먹으면 더욱더 좋은 음식이랍니다. 붉게 차려진 식단을 사람들과 오손도손 싹 쓸어 버리면 청량감이 더 해지고 오독오독 씹히는 맛이 3년 묵은 변을 저절로 쑤~욱 빠져나가게 하는 느낌이 듭니다. 오늘 밤에 꼬~옥 드셔보세요.

즐겁게 하루살이

 그렇게 밤은 왔다. 쾌락을 슬픔에 걸듯 믿음은 부재 속에서 싹트고 그 믿음은 부재의 씨방 속으로 돌아가 잠을 청할 것이니 골짜기는 정적에 쌓이고 우리가 그 정적을 사모하듯이 우리의 후회로 빚어진 말씀은 헛된 식욕처럼 쾌활하다. 모서리엔 한 자락의 바람도 일지 않았다. 어떤 슬픔도 그 정점에 이르면 쾌락의 변증법이 일어나지 않던가. 내 마음속 덩굴손의 움직임이 멈추고 방황의 물기가 빠질 때.

 물끄러미 귀의 눈을 밝힌다. 세상에 낮게 엎드려 어둠이 속삭이는 소리 하나 축축하고 미역 줄기처럼 싱싱한 이파리로 솟아오를 거냐. 어디쯤일까, 연기로 사라진 힘없는 추억들을 더듬더듬 쓰다듬으며 키 작은 칸나가 손 내밀어 오길 바라는 소스라치는 떨림이여. 잠시 머물다 어지러운 이파리로 날고 있는가. 무서운 얼굴로 시간이 마주 보고 있을 때.

 비틀거리는 겨울이다. 어둠 속에서 하얀 바람과 발맞춰 걸어도 무방하지 않은가. 이제 창을 닫는다. 허공을 날던 가엾은 눈송이들 투명한 밤의 유리병에 갇힌다.

4부

캥거루

끈 하나 사라진 신발이 있어요
뒷발로 턱을 괴고 있네요
푸우, 지금은 개똥철학 시간이에요
구름 위로 튀어 오르는 날개가 아니라면 누가
저 부츠에 스프링을 달겠어요
얌전히 있으면 투명인간이에요
먼지를 털어내고 있나 봐요
알뜰매장에 내놓으려 해요
점프 시대를 등지고 천리만리 밀려왔겠죠
요즘은 그럭저럭 발을 묶어두기도 하나 봐요
한때는 롤러코스터 씨에게 알랑방귀도 뀌었고요
스카이점프 양과 꿀맛 나는 땡땡이도 쳐봤답니다
뒤뚱거리는 엘리베이터라도 가뿐해요
불 꺼진 아파트도 아랑곳하지 않아요
넓적한 등은 거실 바닥을 문지르며 TV를 즐기지요
어라, 현관문 손잡이가
노트북 마우스도 보이지 않아요
붉은 립스틱이 다그쳐 물어도 콩.콩.
눈망울은 말똥말똥 딸꾹질만 하네요
어디로 튕겨 올려버렸을까요?
그토록 길고 힘센 뒷발로

불편한 침묵

때를 놓친 사과는 익을 수 없다

토끼잠을 자다 말다
껄끄럽고 어설프고
설익은 풋내가 난다

전전긍긍
욕망의 촉수는 스톱 단추가 없어
엉거주춤 출렁거린다
여덟 번째 호흡과 아홉 번째 호흡 사이로
서툰 마음이 새 나간다

치유되지 않은 상처가 남아있을 때
침묵은 온갖 소음의 진원지
진실을 꺼낼 용기 없이
당신의 표정에 발이 묶인 채
언저리로 떠날 궁리를 한다

안이 썩었는지 알 수 없는
오렌지껍질 표정으로

섀도우 댄싱
빛과 어둠 사이에서
내 발자국은 당신의 그림자 속에 찍히고

자연의 샤워에 몸을 맡겨
진정한 사람만 보일 수 있는
빠알간 사과가 먹고 싶다

이오네스코 식탁3

　기억이 섬유질로 변해간다 종이는 곰팡이가 슬고 쾅쾅 소음이 가락을 만들어낸다 집도 가족도 없다 떨림에 귀를 곤두세운다 여기든 저기든, 다를 바 없다 바람과 햇살과 소금기가 속눈썹 안으로 파고든다 이곳에 와본 적이 있었던가? 파도가 몸속으로 스며든다 추위란 환상에 지나지 않는다 사랑과 증오 사이, 그것이었다 언제까지고 넘쳐흘러 공격해 들어오는 나를 갉아먹는 바로 그 감정들, 항상 그런 식이었다 하나의 몸짓, 한마디 말도 없이 경멸과 원한과 눈물의 홍수와 분노의 폭발과 자살 기도와 죽음의 충동을 단지 하나의 몸짓으로 담아낸다 어느 날은 사랑을 느끼고 다음 날은 정반대를 느낀다 오늘은 당신을 위해 죽을 수 있노라고 속삭이고, 내일이면 증오하고, 복수를 꿈꾸고, 더 잔인하게 복수하고자 궁리하고, 뼛속까지 얼어붙는 말을 쏟아붓는다 웃어야 할지 울어야 할지 까탈스러운 감정은 철 지난 꽃무늬 원피스 같다 추억은 죽은 살갗처럼 질식사한다

난생의 언어

　가을의 시간은 무겁게 가로질러 갔다. 일면식도 없고 옷깃 한번 스친 적 없는 것들이 내 변방을 잠식해 들어왔다.

　지친 낙엽이 강에 내려앉는다. 무슨 말을 해주고 싶다. 그게 무슨 말인지 분명한 언어로 자리 잡지 못한 말, 멀리서 흔적처럼 다가오는 다급한 말이다. 말하여지지 않은 말은 아무것도 아닌, 모든 것인, 말이다. 그 사이 강물이 노을빛을 싣고 흘러간다.

　마음은 난데없다. 정처 없이 이 마음이 저 마음을 찌른다. 이미 삶 속으로 흘러든 모멸은 지워버릴 수 없고, 결핍은 결핍으로 덮을 수밖에 없다. 다시 거두기 어려운 말. 너무 멀리 나가기 전에 불러들여 마음을 졸인다.

　절정 안에 이미 추락을 간직한 꽃잎,
　안에서 뭉쳐 말을 뽑아내지 못하는
　혀끝 언저리,
　마음은 때로 몽매하다.

블랙 스완

하나의 손가락으로 빛을 가른다

그 색은 어떻게 된 거야?
사뿐사뿐 실루엣을 반짝이며
심드렁, 하품을 하는
애송이들로부터
작은 속삭임이 흘러나온다

설렘과 두려움을 버무린 구름은
이전에 보지 못한 꿈과 비명의 메아리를 아로새겨
검은 드레스를 입힌다

나를 둘러싼
바깥쪽으로 회전하는
순록의 태풍은 보호막,

엄마의 무릎 위
곱게 잠들어있는 나의 이마
주름 사이,
아브라카다브라, 겁내지 마!

내 등으로 흘러나온 두근두근 마그마는
접힌 근육과 관절을 쭉 뻗으려는 하나의 번데기였고

발바닥에서 좌절되어버린 백설들의 음모,
침묵으로 수천 번 단단히 봉인된,
너와 같아질 수 없어
짙은 먹구름을 걷어내는 방식일까?
불길을 향해 날아가는 첫 날갯짓
더 빨리 심장을 고동치게 하는 새 드레스이자 수의였어

건드리기만 하면 터질 듯한 세상의 지도,
그 세계 모형을 축소해 놓은 알록달록 유리알처럼,
원이라는 집착은 나를 폭발시켜
겹겹의 검은 치마를 입고 옹이진 발가락 사이로
바르르 떨며 어지럽게 회오리치며
나는 흩어지고 있어

우화를 마친 하루살이의 공중비행처럼

모래시계 요양원

물관의 시간 속에
시계 토끼가 뛰어가고 있었지

밖은 화창해요
산책하기 좋은 날이네요
나뭇잎은 살랑거리고
버섯을 먹고 커지고
당근을 먹고 작아져요

제발 부탁이야 시간은 함부로 집적거리지 마!
내 가지와 잎들이 다 떨어진 것 같아
시계를 망가뜨리는 모자 장수

이 나무에
무슨 일이 일어난 거지?
나뭇잎을 꿰매며 초록을 색칠하는 트럼프 병정들처럼
시간을 되돌리다니 다 써버린 시간, 중고품의 시간을,

나뭇잎이 시들어가는 오후의 경계선 너머
선잠에서 깨어난

길 잃은 텅 빈 눈들이
가장자리 깨진 창틈으로
바스락거리며 공중제비를 돌고
제멋대로 날아가는 팔랑나비들

손짓도, 노크도 하지 않았어
문 앞에 도착했지만, 문은 이미 밖에 있었지
아니 고목 침대 밑에 있잖아
엄마의 손목엔 아직
연둣빛 시곗바늘이 꿈틀대고 있는 걸 알아

별과 별 사이를 뛰어다녀도 되돌릴 수 없어요
밑동만 남은 나무 아래서
바람의 촉감과 석양의 질감을 그리워하고 있었거든
가려 했지만 가지 않았지

삐그덕, 엄마와 나는 어긋난 시간을 가고 있어요

개뿔

아빠에게는 목적어가 없다.
아빨 닮았나?
???
"도대체 뭘?"
할 거냐고, 누군가 동사만 늘어놓는
내게 묻는다.

당신과 나의 합의를 전제로
목적어 없는 동사의 반죽 덩어리를 풀어놓는다.
목적은
낚싯바늘을 꽉 물어 걸려드는 물고기처럼
수면 위로 올려놓아야 하는 걸까?
몸통 없이 꼬리만 팔딱이다 화살표가 되기도 하는,

난 이것이 물릴 거라 예상하고 던지는 애꾸눈 후크 선장의 갈고리, 당신은 돛을 달고 이리저리 피해 달아나는 해적선의 바닥에 닿지 않는 닻을 쫓는 점점 길어지는 망원경 아니면 하나의 세포이자 몸이며 복제하고 번식하는 발자국 모양을 닮은 짚신벌레의 섬모를 세고 있는 현미경
〈

가령, '난다'에 깃든 알과 날개와 지느러미와 나비와 새와 꿈과 구름과 하늘과 바다와 푸르름과 청춘과 비행접시와 양탄자와 타잔과 요정과 천사와 팅커벨과 피터팬…… 어떤 것을 물까? 껍질이면서 알맹이인 양파를 까며 허둥대는 눈동자는 길어지지

한 빛에서 태어나 프리즘으로 산란하는 빛처럼
하나의 정수리, 뿔에 수렴하지 않는 동사를 읊조리며
오늘도 내일인

개뿔, 사원을 짓는다

=

너와 내가 같아지려면
나, 너는 얼마나 변해야 할까

섬과 섬 사이
다리를 놓고
오고 가면서
만나고 좋아하고 사랑하고 헤어지고 싸우고 죽이고
더하고 빼고 곱하고 나누고

너를 통해
내가 얼마나 아래 있고
내가 얼마나 위에 있는지 주시하며
끊임없이 움직이고 있어

빛나는 너를 향해
거침없이 나아가는 여정
배를 타고 갈까
비행기를 타고 갈까
우주선을 타고 갈까
〈

너와 나는
우리가 되고
무아가 되지 못하고
영원한 평행선일 뿐,

같아지기 위한
x와 y의 무한한 변화들,
동상이몽일까?

아는 것과 보이는 것이
같고 또 다르다

왜 꼭 같아지려고만 할까?

가스라이팅

나의 아름다운 정원이
새삼으로 뒤덮였다

연약한 줄기가 나를 안아주었다
잠시 포근했던가

내 등에 올라탄 넌
스스로 뿌리를 잘라내고
비늘처럼 잎도 퇴화했다

내 몸에 빨대를 꽂고
너는 무럭무럭
꽃을 피우고 열매도 맺는구나

나는 목이 마르고
푸른 잎들이 말라갔다

거머리라는 별칭답게
걷지 못하는 토끼가 먹고 깡충 뛰어서 이름 붙은
토사자라는 열매는 한약재로 유명하다지?

〈
은밀하고
고요한
조종술

우리는 공생의 연리지가 되지 못하고
늪에 빠져 목이 잠길 때까지
눈뜬장님으로 살아온 나

너, 참 새삼스럽구나!

콜드 드래프트 2

후텁지근한 날씨,
"내가 너를 그녀로 살게 해줄게."
미묘한 속삭임이 귓속으로 흘려들어 왔다

새로 태어나기 위해
낯선 모습으로 바뀌는
위장술

그녀를 가방 속에 넣었지
너는 그녀의 옷을 입고
경쾌한 발걸음으로 가방을 끌고
택시를 탔지

자주 산책 다니던
낙동강 풀숲에 가방을 버렸어

그녀의 신분증으로
네가 꿈꾸는 유명 대학 졸업생도,
영어에 능통한 사람이 되고 싶었어
〈

껍데기만으로
알맹이를 만들 수 없어
속살이 채워지며
껍질을 만들어가는 거지

내가 너인지
네가 나인지

청순한 외모의 거짓말에
고삐 풀린 한랭기류가 휘몰아쳤다

아버지의 web

아버지는 거미줄을 친다.
끈끈한 나선형 씨줄과 튼튼한 고정형 날줄로

우리는 아버지가 쳐놓은 거미줄에서 세상을 바라보았다. 몇 가닥의 실로 꼬아놓은 말들에 길들었다. 아버지가 소화해 혀로 뽑아낸 씨줄과 날줄 위에서 춤을 추기도 했고, 웃기도 했다. 가끔 이중 삼중의 중첩들로 펼쳐놓은 문장들에 우연히 걸려드는 우리들, 고르디우스의 매듭을 풀어낸 알렉산더의 칼처럼 풀리기도 하고, 끊어진 거미줄에서 떨어지기도 했다.

말이란 종이에 쓰여 있는 것 이상의 의미를 담고 있지. 목소리가 의미의 미묘한 차이를 불어넣어 주고, 공기와 습기가 밀거나 끌기만 해도 물살처럼 이리 밀리고 저리 밀렸다. 뫼비우스의 띠처럼 커브를 돌아내려 온 후 다시 그 위로 올라갔다.

부드러운 고요와 독특한 잡음이 서로 뒤섞여 녹아내렸다. 소리는 물방울 속으로 미끄러져 들어가 거미줄에 천 개의 거울로 내걸렸다.

대답할 수 없는 질문과 질문 하지 않는 답이 저희끼리 부대

껴 나풀거리는

  말은 흐르고 흘러 눈앞에 나타난다.
  거미줄에 걸린 햇살 알갱이처럼

습설 濕雪

첫눈이었다

잘못된 만남이었다
찬 공기가 따뜻한 서해를 지나가고
저기압이 찬 공기를 계속 내려보내
무엇이든 무너뜨릴 수 있는 존재가 되었다

보통의 눈에 나무들은
한계치를 초과하면 스르르 털어내기도 하지만
축축한 눈은 바람 불어도 날아가지 않아

집 앞 눈 치우던 60대,
눈으로 쓰러진 나무에 깔려 사망

10cm만 눈이 쌓여도 수백 톤이 되어
체육관 지붕이 주저앉아
깔려 죽은 사람만 00명

눈 내린 뒤 기온 떨어져
원주 만종 교차로 살얼음 빙판길에

53중 추돌 사고

아들의 혈당이 눈덩이처럼 거대해져
삶과 죽음의 경계에 선
아슬아슬한 20분이었다

아주 연약한 존재가
우리를 짓누르고 허리를 휘게 만들어
땅바닥에 깔아 눕히는

2024년 11월 28일이었다

실버들의 우화

잎만 갉아 먹던 애벌레의 시간과
고치를 만들고
번데기의 주름잡던 시절을 벗어나
우린 나뭇가지 끝에 있어요
날개를 달고

흰 더듬이를 곧게 세우고
젖은 날개를
파르르
털어 말리고
비행을 준비해요

이제 무거웠던 책임과 의무 내려놓고
내가 좋아하는 곳,
내가 가고 싶었던 곳,
내가 놓쳤던 그곳으로

두려움과 회한 없이
날개를 활짝 펴

실버들, 우리
날자, 날아보자

5부 수필

잃어버린
어린 숲을 찾아
현재의 나를
위무해 주기

O의 시절

O은 제로이자 영혼의 시간이다. 보았지만 만질 수 없고 색깔도 모양도 다양한 구름의 시간이다. 형상이 만들어지기 전 자유로운 시간이다. 비어 있지만 가능성이 가득 담긴 꿈의 시간이다. 그 시간이 느리게 지나가고 있었다.

아버지의 방은 호기심 천국이었다. 세계 문학전집, 러시아 문학전집, 독일 문학전집, 한국 문학전집, 대백과사전, 아버지의 일기장, 월간지 등 그 밖의 다른 책들이 서가를 빼곡히 채우고 있었다. 뒤늦게 디즈니그림책과 딱따구리 그레이트북스 전집도 들어왔다. 진열장에는 하모니카, 산호, 알코올램프, 비커, 오목렌즈, 만화경, 프리즘, 망원경, 권총인두, 내부가 해부된 분홍 시계, 각종 연장이 놓여 있었다. 책상에는 항상 신문과 신동아, 사상계 등 책이 펼쳐져 있었다.

그림책부터 시작해 딱따구리 그레이트북스로, 문학전집으로, 백과사전으로 옮겨가며 마음대로 책을 뽑아 볼 수 있었다. 그중 형제들로부터 가장 흥미를 유발한 것은 아버지의 일기장이었다. 한자로 가득했지만, 징검다리 한글을 찾아 연결 지어 읽어보곤 했다. 나는 아버지의 일기장을 보고 내 생일도 바꾸었다. 태어난 시각은 0시 20분이었다. 엄마는 그 전날 내 생일

미역국을 끓여주셨다.

하모니카도 불어보고 딱딱하지만, 분홍빛 산호가 무엇인지 궁금했다. 빛이 프리즘 안으로 들어가 어떻게 무지개색으로 바뀌는지. 종이 위 한 곳을 오목렌즈로 햇빛을 한참 동안 쏘이면 어떻게 연기가 나고 불이 생기는지. 작은 망원경으로 앞산도 가까이 바라보고 거꾸로 돌려서도 보고, 전기인두 모양이 왜 권총처럼 생겼는지. 색도 예쁜 분홍시계 내부가 왜 해부되어 시곗바늘이 돌아가고 있지 않는지. 풍선인 듯 아닌 듯 생긴 것은 무엇인지. 호기심은 커졌다.

친구들과 놀다가도 아버지 방에 들어와 혼자 주물러보고 만져보고 읽어보고 상상하면서 궁금증은 발가벗겨지기도 했고, 학교 공부를 통해서, TV를 통해서, 책을 통해서 알아가기도 했다. 또는 직접 여쭤보기도 하고, 약을 못 먹는 우리에게 주사를 놔주시면서 아버지가 직접 알코올램프로 끓여 주삿바늘을 소독해주기도 하셨고, 전기인두로 납땜하는 장면을 보고 이해하기도 했다. 그 많은 책은 어려서 아버지가 읽고 싶었으나 가난해 읽을 수 없었던 치유되지 않았던 욕망의 잔해였다. 아이들이 자유롭게 책을 읽을 수 있게 해주고 싶었다고 하셨다. 대학 들어가자마자 문학사상이나 현대문학 등의 문학 월간지를 구독하라는 권유도 받았다.

분홍시계는 할아버지가 일제강점기 때 일본 탄광에서 강제 노역하시고 돌아오며 사 오셨다는 분홍 탁상시계였다. 시계 침이 돌아가는 원리가 궁금해서 다 해부해 놓고 원상 복귀하지 못한 아버지 호기심의 일부였다. 흰 풍선 모양이라 밖에 가지고 나가 불고 있는데 동네 오빠가 풍선이 아니라고 했다. 콘돔이 뭔지 그때 알 리가.

아버지의 방은 아버지가 흙벽돌로 설계하여 지으신 한옥 안에 있다. 아버지가 공병대 군 생활로 얻은 지식으로 설계해서 집 뒷마당에 새로 지은 집이었다. 우리 마을에 전기가 개통되기 일주일 전, 집 앞 전봇대에 올라가 두꺼비집을 올려 동네를 전기로 환하게 처음으로 밝힌 이도 아버지이셨다. 집마다 요란한 감탄의 소리가 들려왔다.

동네 최초로 TV가 있어 육영수 여사의 장례식 때도 마을 사람들이 온종일 모여들었고, '여로'라는 드라마를 볼 때 저녁을 먹고 온 동네 사람들과 같이 보았다. 그 어린 시절 산골 동네에서 주말의 명화, 명화극장, 동물의 왕국, 세기의 서커스, 호두까기 인형 등의 발레, 피겨스케이팅을 보았던 사람은 드물 것이다. 동네 회관에서 '거북선' 등의 영화관을 만들어 동네 사람들에게 상영을 해주셨다. 나는 시네마천국의 토토 같은 기분이 되었다.

새끼줄 만드는 기계도 사들여 겨울 농한기 때 일꾼들이 할 수 있었고, 누에섶을 만드는 기계도 사 와서 겨울이면 엄마가 섶을 만드셨다. 산을 개간하여 뽕나무밭을 만들고 잠실이라는 집도 지어 양잠이라는 누에치기도 크게 하셨다. 일곱 자식 대학 보내는데 농사만으로 부족한 경제력을 양잠으로 보충했다. 조금 더 커서 개인용 컴퓨터가 나오기도 전에 아날로그 컴퓨터를 사 오셔서 막냇동생이 어릴 때부터 컴퓨터를 가지고 놀기도 했다.

아버지는 기계 분야에만 얼리어댑터가 아니었다. 1970년대에 딸들은 고등학교만 보내라는 할아버지의 협박에도 굴하지 않고 여자들도 남자들과 똑같은 대접을 받으려면 대학을 가고 직장을 갖고 있어야 한다고 싸우셨다. 큰언니부터 대학을 갈 수 있었다. 우리에게도 똑같이 어려서부터 주문하셨다. 사회에서 남성과 같은 발언권을 얻고 평생직장을 가질 수 있는 대학을 가야 한다, 고.

호기심 가득한 아버지의 열린 시각으로 나도 호기심 가득한 소녀였다, 아가씨였다, 아줌마였다, 할머니가 되었다. 그저 그랬었지가 아니라 내 기억의 부스러기들이 층을 이루었다 '지금의 나'가 형성되었다. 아무것도 보이지 않던 암흑의 시간이 훤하게 보이는 실버의 시간이 되었다. O인 무(無)의 시간이 가득 찬 모든 시간이 되었다.

원기소와 주전부리

원기소는 내게 엄마의 젖이었다. 한 살 터울의 남동생이 태어났고 나는 돐도 되기 전 엄마의 품에서 밀려났다. 할아버지 방에서 자랐다. 얼음장 같은 할머니에겐 한 번 업혀본 기억도 보살핌을 받은 기억도 없다.

일제 탄광에서 동상으로 두 발가락을 잃었지만 부지런하고 호랑이 같은 할아버지 일터 주변이 내 놀이터였다. 주로 혼자 놀았다. 석류나무 아래 할아버지가 짚으로 용마름을 만들면 옆에서 놀았다. 할아버지는 여자는 용마름을 넘으면 안 된다고 주의를 주셨다.

빨간 석류꽃을 주웠다. 예쁜 꽃이 석류가 되기 전에 다 떨어져 버린 것이 못내 서러웠다. 나중에는 석류가 대여섯 개 정도 열려 있지 않았다. 잘 익으면 좍 벌어진 석류를 따서 구슬 같은 알을 입에 넣으면 새콤한 맛에 눈을 찔끔 감았다. 감나무 밑에 떨어진 감꽃도 주워 띠풀에 꿰어 목에 걸고 다니며 하나씩 빼먹었다. 뒤곁의 찔레 덤불에서 이제 막 올라온 도톰한 어린 찔레 줄기를 꺾어 껍질을 벗겨 먹으면 달콤했다. 담장 옆으로 까마중이 까맣게 익으면 약간 달콤한 맛이 있었다. 뽕나무에 열린 시커먼 오디도 따먹고 옷도, 입도 시커멓게 변했다.

여름이면 볶은 보리와 콩으로 만든 미숫가루는 장날 면에 있는 방앗간에 가서 해오셨다. 펌프에 마중물을 넣고 열심히 올렸다가 내렸다 펌프질하면 시원한 물이 올라왔다. 시원한 물에 미숫가루와 설탕을 넣고 풀어서 마시면 시원하고 고소하고 달콤한 맛에 땀이 가셨다.

겨울이면 할아버지가 방 안에서 가을에 준비해 놓으신 대나무를 잘게 자르고 마디를 손질한 대바구니를 만드셨다. 날카로운 대나무에 손이 잘 베이니 조심하면서 할아버지를 도와드리곤 했다. 할아버지가 봄이 되면 쑥, 나물 캐러 다닐 때 쓰라고 내 바구니도 만들어주셨다. 그 바구니는 내겐 약간 컸고 약간 무거웠다. 엄마가 간식으로 고구마를 쪄주면 얼음 동동 띄운 동치미와 먹었다. 할아버지가 윗목에 쟁여둔 생고구마를 깎아주시거나 땅속에 묻어둔 무를 캐내 깎아주면 시원한 맛에 씹어 먹었다.

매년 한두 번씩 튀밥 장수가 우리 동네에 왔다. 마을회관 앞에서 집마다 대부분 말린 옥수수를 내놓으면 튀밥을 만들어주었다. 시커먼 둥글이에 말린 옥수수에 사카린을 넣고 장작불을 밑에 넣고 둥글이 손잡이를 계속 돌렸다, 우리 조무래기들은 쪼그려 앉아 기다렸다. 불을 빼고 둥글이 꼬리에 시커먼 긴 망을 갖다 대면 우리는 귀를 막는다. 연기와 함께 펑 소리가 나고 뚜껑이 열려 튀밥이 긴 망에 쏟아졌다. 옆으로 떨어진 튀밥을 주워 먹었다. 큰 자루에 담아 집으로 가져온 고소한 튀밥을 입이 터지게 오물오물 먹었다.

동생 때문에 엄마 젖을 뺏긴 나에게 엄마가 날마다 원기소 한 알을 주셨다. 키도 작고 몸도 가벼웠고 복막염으로 심하게 아프기도 했던 나였다. 엄마는 원기소통을 옷장이나 이불 속에 숨겨 놓았다. 나만 먹는 원기소에 샘이 나서였는지 워낙 먹을 것이 없어서였는지 언니와 동생은 날마다 원기소를 찾아 방을 뒤적였다. 기어이 찾아내 우리는 나눠 먹었다. 자연에서 따먹는 것도 아니고 엄마가 만들어준 것도 아닌 우리에게는 최초의 고소한 과자였다.

나는 다섯째였고 직장에 나간 아버지, 많은 농사일과 누에 키우기와 대가족으로 바쁜 엄마, 할아버지, 할머니에게 따스한 말도 스킨쉽도 보살핌도 받아보지 못했다. 불같이 화를 내시는 할아버지가 무서워 말도 더듬었다. 예쁜 곳 없고 잘난 것 없어 존재감도 없이 자랐다. 공부도 잘하고 뭐든지 잘하는 오빠 언니들이 있어서 난 아무것도 아니었다. 어떤 재능도 타고 나지 못했고 잘하는 게 없었다. 그래서 모난 행동하지 않으려 했고 뭐든 열심히 잘 해보려 애써야만 했다.

결핍에 대한 이 노력이 씩씩하게 자립할 힘이 되었다. 가정에서도, 학교에서도, 사회에서도. 어디에서나 열심이다, 성실하다, 고 나를 평가했다.

그 점이 문제였다. 내 일에는 열심이었지만 인간관계에서는 달랐다. 왜 그렇게 사람이 어려웠을까. 나도 모르게 위축이 되었다. 어디를 가나 사람들과 쉽게 섞이질 못했다. 그러면서도 사람을 너무 쉽게 믿었다. 세상과 사람의 이면을 읽을 줄 몰랐다. 아버지는 내가 너무 여리고 세상을 몰라서 큰일이라고 여러 번 말씀하셨다. 돌봄을 받아본 적이 없는 사람이 누군가 원기소 한 알 같은 온정 베풀면 홀딱 그 수렁에 쉽게 빠져들었다.

한때 판매 금지된 원기소 같은 사랑에⋯.

세월이 약이었다. 성실하게 열심히 사는 것, 그것이 엄마의 젖이었다. 원기소였다. 어느 순간, 결핍을 극복했고, 자존감을 찾았다. 결함이라 생각되었던 것들이 더 이상 결함이 아니었다. 편견을 가진 이들이 나를 어떻게 바라보든 더 이상 움츠러들지 않게 되었다. 타인의 관점과 상관없이 나는 당당해졌다. 나는 나의 존엄을 지키며 살아가기로 결심했다. 편견이나 차별 앞에 당당해졌다. 그렇게 찾은 존엄성은 나를 해방했다.

환상특급열차

환갑이 되도록 물리적인 나의 방을 가졌던 해는 3년 남짓이다. 내가 고등학생이 되자 가족이 모두 광주로 이사했다. 언니 오빠들이 결혼과 직장으로 집을 떠나 대학생 때 2년과 직장 생활을 하면서 경제적인 독립과 완전한 나만의 방을 가졌을 때는 1년이다. 광주에서 서울로 가족을 완전히 떠나 첫 직장 생활을 하여 외로움이 가득한 시기였다. 독서와 뜨개질로 저녁을 보냈었다.

어릴 적엔 아버지의 방과 같이 서가에 가득 꽂혀있는 책들과 과학 기구들, 연장들이 있는 방, 그런 방을 갖고 싶었다. 결혼한 후에는 나만의 방이 없었다. 아이들이 커가고 남편은 술자리를 즐겨 자주 늦게 왔다. 직장을 다니며 TV를 켜놓은 거실에서 밤늦게 독서했고, 고통과 불만의 시(詩)를 쓰곤 했다. 밤새워 공부하며 10개가 넘는 국가자격증을 얻었다. 서가에 꽂힌 책은 약 300권쯤 된다. 나머지 80%는 거실과 방 구석구석에 책 탑을 쌓았다. 늘어진 책으로 좁아진 거실 때문에 가족들은 불만이 많다. 나는 나대로 몰입해야 할 때 방해받는 것이 싫다.

버지니아 울프는 『자기만의 방』에서 여성으로서 자기만의 방과 연간 500파운드와 글쓰기 재능이 있으면 무엇이건 써보라고 했다. 글쓰기 재능은 별로 없고 내 방도 없지만 경제적인 독립은 했다. 온전하게 나 자신만의 시간과 공간을 위한 내 방을 나는 항상 갖고 싶었다.

파스칼 메르시어는 『리스본의 야간열차』에서 '상상력은 마지막 성소다.'라고 했다.

그래서 갖게 되었다. 내 머릿속의 환상 다락방이다. 보르헤스의 「바벨의 도서관」처럼 육각형의 방이 복도로 이어진 거대하고 무한한 구조이다. 말괄량이 삐삐의 뒤죽박죽 별장처럼 호기심과 궁금증으로 가득 찬 물건들, 오만 감정들이 들어있다. 빨간머리 앤의 다락방처럼 자연의 숲으로 난 창으로 구름과 새와 꽃들과 대화를 나눈다. 우산을 쓰고 날아다니는 메리 포핀스의 가방처럼 신기한 물건들이 쏟아지고 다락방에서 아이들과 놀며 맛있는 음식도 만들어 먹고 웃음 가스도 새어 나온다. 바다에서 투명한 해파리가 너울너울 올라오듯이 다락방에서 끊임없이 상상이 올라와 기웃거린다.

독서하면 옷장 속으로 빨려 들어가 모험하는 루시처럼, 시계 토끼를 따라 굴속 모험을 하는 앨리스처럼 책 속으로 빨려 들어 모험하고 돌아온다. 시(詩)를 쓸 때는 산책을 하면서 떠오르는 생각을 굴리고 굴리며 오감을 펼쳐놓고 마주치는 날씨와 나무와 화초와 새와 사람을 관찰하기도 한다. 세상은 모험으로 가득 차 있고, 나는 호기심이 가득 찬 영혼이다. 내 안의 어린아이는 오랫동안 굶주려왔다. 내가 쓴 시(詩)는 톡톡 튕기며 발랄한 느낌을 주지만 실은 오래 궁굴린 곰삭은 문장들이다.

좁은 거실에서 제동을 거는 가족들, 현실과 타협하지 못한 나는 환상의 독서실에서 매일 독서한다. 밥 먹듯이. 독서하지 않으면 불안하다. 직장 다녔을 땐 낮에 일을 열심히 하면서 밤잠을 설치며 독서했었지. 그때나 지금이나 나를 지인들이나 가족들은 나에게 자기 착취다, 강박장애다, 라고 한다. 10년이 넘도록 자격증 공부하다 글 쓰는 감각을 잃어버린 지금 난 힘겨워도 즐겁게 글을 쓰기 위한 기초 작업을 할 뿐이라고 내게만 조용히 속삭인다.

실버가 된 지금도 환상특급열차를 타고 모험 중이다. 데드라인에 걸린 신데렐라, 허둥지둥 벗겨진 유리구두 한 짝을 버리고 집으로 돌아가다 황금마차가 호박으로 변한다. 갑자기 문이 확 열렸다.
 "엄마, 밥 줘!"
 "하ㄱㄱㄱㄷ…."

그해 오월, 그리고

1980년 5월 17일. 나는 광주의 한 여자고등학교 1학년생이었다. 보성에서 광주로 이사한 지 얼마 되지 않았다. 아버지가 광주로 전근하셨고 나는 광주 00 여자고등학교에 합격했다. 그날 나는 학교에 갔으나 수업 없이 선생님은 우리에게 집으로 빨리 돌아가라고 했다. 사전 TV 방송에도 없는 휴교령이 내렸다.

그날, 광주에는 최루탄을 쏘고 도망 다녔던 다른 날과 다르게 우리 집 앞을 대학생들과 교수들이 행렬을 지어 횃불을 들고 "비폭력 저항" 구호만 외치고 지나갔다. TV에는 서울, 부산, 대구 등에서 대학생들 데모가 한창이고 화염병이 날아다니고 최루탄을 맞으며 도망 다니고 있었다.

1980년 5월 18일 0시 전두환이 비상계엄을 선포했고, 새벽에 광주에는 이미 계엄군이 잠입하여 데모에 가담했던 교수, 대학생들을 다 잡아갔다고 했다. 전남대에서 무차별 총격이 있었고 무고한 시민들도 잡혀가고 전남대 부근에서는 임산부에게도 총을 쏴 죽였다고 했다. 돌아다니는 사람도 거의 없었고 버스와 택시도 다니지 않았다. 대학생이던 작은 오빠는 애인과 같이 화순까지 걸어서 몰래 광주를 빠져나갔다고 했다.

TV나 라디오에서는 역시 광주에 대한 아무런 방송이 없었다.

 그다음 날부터 트럭을 타고 가두 방송을 하는 사람들이 나타나 소식을 알려주었다. 조금 지나니 트럭이나 버스에 탄 젊은 사람들이 늘어났다. 광주에 어떤 차도 들어올 수 없고 계엄군이 외곽 봉쇄를 하고, 특수훈련을 받은 공수부대원들이 광주 대학생들과 시민들을 학살했다고, 가두 방송을 하는 여성은 피가 끓듯이 호소하며 토해내고 있었다. 이렇게 당하고 있지 말고 파출소에 있는 무기고를 털어 그들에 맞서자고 했다. 시민들뿐 아니라 집에 있던 의기양양한 중·고등 남학생들도 트럭이나 버스에 올라 노래나 "계엄 철폐, 전두환은 물러나라", 는 구호에 맞춰 차를 두드려 장단을 맞추고 거리를 돌아다녔다. 열기가 끓어 한여름 같았다.

 초·중학교 동창들이 우리 집 근처에 자취하며 살고 있었다. 두 친구가 같이 자취하는 방에 갔다. 친구들과 나는 물 적신 수건을 몇 개 들고나와 트럭에 올려주었다. 어떤 아줌마들은 주먹밥을 만들어 건네주었다. 누군가는 물병을 건네주었다. 이제 트럭, 버스, 택시도 구호를 외치며 광주 시내를 돌아다녔다.

어스름 녘 혼자 자취하는 친구가 와서 무서우니 나랑 같이 자기 집에 가서 밤을 보냈으면 했다. 부모님께 허락을 맡고 친구 자취방에서 자고 아침에 돌아오는 길에 밤새 MBC문화방송국이 불탔다고 들었고 산수동 오거리 한가운데 트럭이 불에 타 연기가 나고 있었다. 가두 방송에서는 MBC문화방송국이 광주에 무참한 학살이 있었는데 아무런 소식을 내보내지 않아 화가 난 시민군들이 불태웠다는 것이었다.

한낮에 헬리콥터가 떠다니며 삐라를 뿌렸다. '군사 작전을 위해 일부 군인들의 이동이 있을 예정이니 안심하시오'라는 빨간 글씨였던 걸로 기억한다. 그리고 마이크로 '유언비어에 속지 마시오. 빨갱이 간첩과 불순분자들이 여러분의 대열에 끼어 폭도화하고 있으니 유언비어에 속지 마시오.'라고 떠들었던 것 같다.

그날 도청이 있는 금남로에서 콩 볶는 소리가 들렸다. 광주 시민들이 도청을 점거해서 모여 있었다. 우리 집에서 20분 걸어가면 도청이 있다. 우리 집 앞 중학교 옆 작은 동산에서 도청이 보였다. 아버지와 같이 동산에 올라가 총 튀기는 불꽃과 뿌연 연기와 콩 볶는 소리를 보고 들었다. 계엄군이 들어와 또 학살을 저지른 것이다. 보성에 살던 할아버지는 소문을 듣고 가족 걱정이 되어 밤중에 화순 너릿재를 걸어서 광주집에 오셨다. 모두 잘 있는 걸 확인하신 후 하룻밤 주무시고 다시 너릿재를 걸어서 보성으로 가셨다.

며칠 뒤 계엄군이 물러나고 시민군이 다시 들어왔다는 소문을 들었다. 아버지와 나는 도청이 있는 금남로로 나갔다. 많은 시민이 모여 또 금남로로 몰려들어 구호를 외치고 있었다. 도청 앞 아스팔트는 모래 자갈처럼 다 깨져 뒹굴고 있었다. 분수대가 있었고 전남도청 건물벽, 전일빌딩 벽, 광주YMCA 회관 벽은 총 자국들로 얼룩져 있었다. 계엄군이 시체들을 다 끌고 가 바다에 수장시켰다느니, 교도소 앞에 암매장했다느니, 화순 너릿재에 암매장했다느니, 소문이 무성했다. 그 뒤 또 계엄군이 들어와 총칼과 폭력으로 광주 시민을 학살했다. 이때 분수대에도 상무대 안에도 시체들이 흰 천에 덮여 있었다.

아마 6월 초에 학교에 간 것 같다. 다행히 여고여서였는지 우리 반, 우리 학교에는 사상자가 없었다. 겁쟁이 작은오빠도 광주로 돌아왔다. 고 3학년인 내가 교복을 입고 고향 보성 할아버지 댁에 버스를 타고 갈 때까지도 화순 너릿재에서 무장

한 군인들은 나에게 학생증을 요구했었다. 화순 너릿재 옛길은 5.18뿐 아니라 일제강점기에도, 6.25에도 민중항쟁의 중요 구심점이기도 했던 역사적인 장소이다. 나는 무사히 고등학교를 마치고 대학교를 졸업했다. 서울에서 직장을 얻고 광주를 떠나왔다. 벌써 8년이 지났지만, 광주 5.18을 직장에서는 가짜, 거짓말, 유언비어, 라고 했다.

도대체 그들은 왜 광주로 왔을까. 다른 지역은 데모가 더 심했는데. 광주 사람들은 무엇 때문에 총칼에 맞서 싸웠을까. 궁금했다. 난 맞서 싸우지는 못했지만 작은 오빠처럼 비겁하게 도망치지도 않았다. 그때 보았고, 그 후 목격자로 말했다. 나의 말은 허공에서 춤을 추었고 의미를 잃은 채 부질없이 붕괴하고 있었다. 아무도 믿지 않는 이야기를 한 나는 비참함을 느꼈다.

프리모 레비는 『가라앉은 자와 구조된 자』에서. '우리의 이야기에 귀를 기울여야 한다. 우리는 우리의 개인적 경험을 넘어 집단적·근본적으로 중요하고 예기치 못한 사건의 증인이었다. 정말 아무도 예기치 못한 일이기 때문에 근본적으로 중요한 것이다.(중략) 사건은 일어났고 따라서 또다시 일어날 수 있다.'라고 말했다.

대학생들에게 공공연한 비밀이었던 광주 항쟁과 비상계엄 상황이 『소년이 온다』 소설로, 『택시 드라이버』, 『서울의 봄』 영화 등으로 일반인들에게 알려졌다.

에드워드 사이드는 『지식인의 표상』에서 말했다. '한 장소에서 이루어진 억압으로부터 얻은 교훈이 다른 장소와 시간에서 잊히거나 무시될 가능성을 방지하는 것이다. 인간은 승리의 약속이 있기 때문에 싸우는 것이 아니라 부정의가 이기고 있기에 정의에 관해 묻고, 허위로 뒤덮여 있기에 진실을 말하려고 싸운다는 것이다. 현대를 살아가는 자로서 가져야 할 도덕(moral)의 이상적 모습이다.'

2024년 12월 3일 저녁 비상계엄령이 발포되었다. 국회의원과 정의로운 시민들은 국회로 달려갔다. 군인과 경찰은 민간인에게 총칼을 겨누는 데 주저했다. 계엄령이 해제된 새벽에도, 그날로부터 약 한 달간 잠을 잘 수 없었다. 다시 반복된 계엄에 불안감이 엄습하여 뉴스에 귀를 쫑긋 세우고 잠이 오지 않았다. 한강 작가의 말처럼 "과거가 현재를 도왔고, 죽은 자가 산 자를 구하"고 있었다.

수의(壽衣)

  엄마, 엄마가 가셨다. 실버 중의 실버, 흰머리 중의 흰머리였던 엄마. 3년 만에 마주한 엄마는 삼베 수의를 입고 계셨다. 치매로 요양병원에 계시다 코로나로 병문안이 어려웠다. 병원 출입이 막 풀리기 시작할 때 코로나로 인한 폐렴으로 돌아가셨다.

  엄마의 삼베 수의와 달리 10년 전 할머니는 혼례복과 비슷한 화려한 장삼 수의를 입으셨다. 망자에게 입히는 삼베 수의는 일제의 잔재로 잘못된 전통이다. 일제 이전에는 할머니의 혼례복처럼 '땅으로 시집간다'라며 인생의 마지막 옷을 입혔다고 한다.

  실제로 조선시대 때 삼베로 만든 옷은 범죄자들이 입는 죄수복으로 쓰였다. 조상들이 삼베옷을 '상복'으로 사용한 것은 상주나 가족은 '부모님을 죽음에 이르게 한 죄인이자 불효자'라는 개념이 있었기 때문이다. 또한 자식 된 도리로 스스로 고행한다는 의미도 포함되어 있다. 이 '상복'을 고인에게 입히고 있다. 묘를 이장하는 과정 등에서 출토되는 옷들이 비단 등으로 만든 화려한 수의였다는 것이 세상에 알려졌다.

비교적 최근에 돌아가신 할머니의 수의는 왜 달랐을까. 환갑이나 진갑이 되면 수의를 미리 준비하는 풍습이 있었는데 내가 어렸을 때 할머니 환갑이 지나고 탈이 없는 윤달을 잡아 할머니와 엄마가 함께 할머니의 수의를 준비하시는 걸 보았다. 오랫동안 준비한 여러 색 천의 수의는 아침에 시작해서 하루해 안에 완성해야 했다. 수의를 꿰매는 실은 도중에 잇거나 끝을 매듭지면 안 되었고 주머니는 없었다. 육체만 가지고 가는 여행길이라 주머니가 없는 것 같았다. 할머니는 지극정성으로 당신의 수의를 1년마다 칠월칠석 즈음 거풍해 잘 보관해 두셨다.

사실 나는 할머니를 좋아하지 않았다. 보통의 할머니는 아니셨다. 엄마에게 시집살이를 시키셨다. 다 큰손주들이 있어도 엄마에게 욕하시고 우리에게 엄마 흉을 보셨다. 물건 등을 던지셨고 밥할 때마다 쌀도 분량만큼 퍼주셨다. 농사일, 누에치기, 부엌일 쉬는 날이 거의 없었고 엄마는 자주 부엌에서 우셨다. 스무 살에 시집온 엄마가 아버지보다 외모, 학벌, 친정의 경제력이 떨어진다는 이유였다. 그때 할머니는 40대였다는데 몸이 아프다고 집안일은 하나도 하지 않으셨다고 한다. 그러한 할머니가 자신의 아름다운 수의를 엄마와 함께 만드셨다.

자식 일곱을 낳으셨고, 그 자식들이 모두 결혼했고 할머니가 돌아가실 때까지 엄마를 힘들게 하셨다. 할머니가 할머니를 모셨다. 할머니 돌아가시고 일 년 만에 엄마는 치매 진단을 받으셨다. 치매가 심해지자, 요양병원으로 들어가셨다. 5년 후 코로나가 시작되었다.

  수의 입은 엄마 입관하는 날 흰머리 가족은 모여 아재 개그를 했다. 고달픈 삶에 우리가 모여 말장난 수다를 떠는 것을 제일 좋아하셨기 때문이다. 울다 웃다, 웃다 울었다. 이팝나무 흰 꽃들이 장지 길을 환하게 밝혀주었다. 곧 엄마 기일이 다가온다. 이팝나무 흰 꽃과 우리 흰머리 가족이 모여 또 울다 웃다 할 것이다.